Holt Spanish 1B

Cuaderno de actividades

HOLT, RINEHART AND WINSTON

A Harcourt Education Company

Orlando • Austin • New York • San Diego • Toronto • London

Reviewer
Mayanne Wright

Table of Contents

Primera parte

1 Write one thing that each of the people
in this picture is saying.

    1. Girl: _____

    _____

    2. Boy: _____

    _____

    3. Man: _____

    _____

2 Each of these conversations has an inappropriate answer. Correct each answer.
The first one has been done for you.

    1. —Sergio, ¿quién es la muchacha?

        —Es mi mejor amigo. **Es mi mejor amiga.** _____

    2. —Lupe, éste es el señor Estévez. Es mi profesor de español.

        —Hasta pronto. _____

    3. —¿Cuál es el correo electrónico de Norma?

        —Es ocho-trece-cuarenta-diecinueve. _____

    4. —¿Cómo es la comida china?

        —Es muy delgada. _____

    5. —Buenos días, Chavita. ¿Cómo estás?

        —Estás muy bien, gracias. _____

    6. —¿Cuándo es tu cumpleaños?

        —Es la una de la tarde. _____

3 You have just met a new student who seems to be very shy. Use the words in the
box to find five questions that may keep the conversation going.

atlético(a)	dónde	cuál	cuándo	cómo

    1. _____

    2. _____

    3. _____

    4. _____

    5. _____

CAPÍTULO P

VOCABULARIO 1/GRAMÁTICA 1

4 Write an appropriate response for each question or statement below.

1. Hola, ¿qué tal? _____

2. ¿Cómo te llamas? _____

3. ¿Quién es el muchacho? _____

4. ¿Cómo se llama usted? _____

5. Éste es el señor Duarte. Es mi profesor de inglés. _____

5 Look at the pictures below. Then use an expression with **tener** to write what each person is thinking.

1.

2.

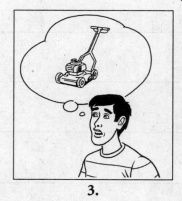

3.

4.

5.

1. ella tiene pinsa que comida

2. el tiene piensa que la playa

3. el tiene piensa que

4. _____

5. _____

2

VOCABULARIO 1/GRAMÁTICA 1

6 Óscar is writing an e-mail to his friend, Felipe. Help him by filling in the correct forms of the verbs **tener, gustar, ser,** or **estar.**

Hola, Felipe:

¿Cómo (1)_____? Yo (2)_____ muy

bien. Esta tarde (3)_____ que ir al centro comercial con mi

hermano. No me (4)_____ ir de compras porque

(5)_____ muy aburrido. ¿A ti te (6)_____ los

centros comerciales? A mí no. A mis amigos y a mí nos (7)_____

más salir al parque. Mis amigos (8)_____ bicicletas,

pero mi hermana y yo (9)_____ patines *(skates).*

Tú (10)_____ un buen patinador *(a good skater).*

(11)¿_____ ganas de patinar con nosotros?

Óscar

7 Read what the people below are like. Then write a sentence to tell what each one enjoys. Use the **modelo** as a guide.

MODELO Yo como mucho. (pizza de verduras) **Me gusta la pizza de verduras.**

1. Mamá y tú son serias. (libros)

   _____

2. Los muchachos bailan mucho. (música)

   _____

3. Elián es serio. (libros)

   _____

4. Susi y Eva siempre juegan a los juegos de mesa. (ajedrez)

   _____

5. Tú bailas mucho. (fiestas)

   _____

6. Papá y yo somos atléticos. (deportes)

   _____

7. Usted es extrovertido. (amigos)

   _____

VOCABULARIO 1/GRAMÁTICA 1

8 Compare the people or items in each set below by writing a sentence about each one. Use the **modelo** as a guide.

MODELO Rosa (una compañera de clase) / Henry (amigo)
Rosa es una compañera de clase. Henry es mi mejor amigo.

1. yo (estudiante) / usted (profesor)

_____

2. Enrique (rubio) / Victoria (morena)

_____

3. este helado (horrible) / estas verduras (deliciosas)

_____

4. nosotras (de Perú) / ellos (de Ecuador)

_____

5. el libro (encima de la mesa) / la silla (delante de la puerta)

_____

9 Answer the following questions about yourself.

1. ¿Cómo eres?

_____

2. ¿Dónde estás?

_____

3. ¿De dónde eres?

_____

4. ¿Quién es tu mejor amigo(a)?

_____

5. ¿Cuándo es tu cumpleaños?

_____

6. ¿Qué te gusta comer?

_____

7. ¿Qué clases tienes los lunes?

_____

8. ¿Qué tienes ganas de hacer?

_____

Segunda parte

10 For each sentence below, use the correct form of an **-ar** verb to fill in the puzzle.
Then find the secret question in the shaded boxes.

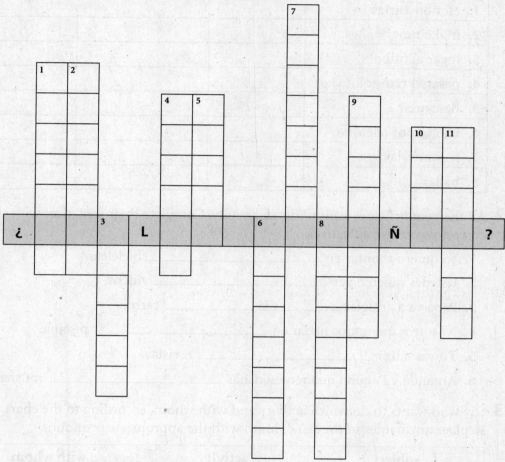

1. Él ___ música por la noche.

2. Ustedes ___ por Internet.

3. Mis amigos ___ a la música rock en las fiestas.

4. A Juan le ___ los juegos de mesa.

5. ¿Tú ___ en la piscina, o en la playa?

6. Roberto y tú ___ para el examen.

7. Los fines de semana tú ___ videos.

8. Profesor, ¿usted ___ deportes?

9. Miguel y yo siempre ___ en bicicleta.

10. A veces yo ___ el rato sola.

11. Vosotros ___ por teléfono todos los días.

VOCABULARIO 2/GRAMÁTICA 2

11 For each activity listed below, indicate whether you would generally do it alone, with friends, or both.

	solo(a)	con mis amigos	ambos (*both*)
1. escribir cartas			
2. ir al cine			
3. jugar al fútbol			
4. pasar el rato solo(a)			
5. descansar			
6. hablar por teléfono			
7. leer novelas			
8. bailar			

12 All the people below want to do an activity. Complete their sentences with the correct possessive adjectives.

1. Yo quiero montar en _____ bicicleta.

2. Ustedes quieren ver _____ videos.

3. Papá va a arreglar _____ carro.

4. Nosotros queremos nadar en _____ piscina.

5. Tú vas a leer _____ revistas.

6. Amanda y Paquita quieren escuchar _____ música.

13 Say who wants to do which activity and with whom, according to the chart. Replace any names in the last column with the appropriate pronouns.

subject	activity	with whom
Pepe y Ángela	fútbol	yo
tú	correr	Ernesto
Daniel y yo	básquetbol	Javier y Santi
usted	tenis	Natalia y yo
Elvira	patinar	tú

MODELO Pilar / béisbol / Luisa **Pilar quiere jugar al béisbol con ella.**

1. _Pepe y Angela jugar al fútbol conmigo_

2. _tú correr con Ernesto_

3. _Daniel y yo jugamos al básquetbol con Javier y Santi_

4. _usted juega al tenis con natalia y yo_

5. _Elvira patinar contigo_

CAPÍTULO P

VOCABULARIO 2/GRAMÁTICA 2

14 Answer the questions below according to the drawings. Be sure to use complete sentences.

> **MODELO** ¿Qué quieren hacer hoy?
> **¿Qué tal si vamos al partido de béisbol?**

1.

2.

3.

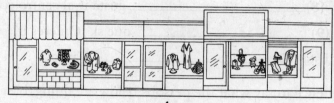

4.

1. ¿Qué hacen ustedes los fines de semana?

   Me gusta comer con mi familia.

2. ¿Qué vas a hacer el jueves próximo?

   Yo quiero ir al cine el jueves próximo.

3. ¿Quieres jugar al tenis conmigo?

   _____

4. ¿Qué quieres hacer hoy?

   _____

15 Use a form of **ir a** to say what these persons are going to do.

MODELO Sandra / salir esta noche **Va a salir esta noche.**

1. Sandra y José / ir a la fiesta _____

2. vosotros / escuchar música _____

3. yo / tocar el piano _____

4. José / cantar _____

5. los muchachos / bailar _____

6. nosotros / descansar mañana _____

Holt Spanish 1B

Cuaderno de actividades

7

VOCABULARIO 2/GRAMÁTICA 2

16 Complete the following conversation using expressions from the box.

bien	quiero	vas	me	hacer
te	idea	claro	qué tal	conmigo

Julio Victoria, ¿qué **(1)**_____ a hacer mañana?

Victoria Ni **(2)**_____.

Julio ¿Quieres ir al partido de volibol **(3)**_____?

Victoria No sé. No **(4)**_____ gusta mucho el volibol.

Julio ¿**(5)**_____ si vamos al cine?

Victoria No, no **(6)**_____ ir al cine.

Julio ¿Qué quieres **(7)**_____?

Victoria ¿**(8)**_____ gusta ir al centro comercial?

Julio **(9)**_____ que sí. ¿Quieres ir?

Victoria Está **(10)**_____. Vamos.

17 Write a sentence to say what the persons below are doing, based on the drawings.

1.

2.

3.

4.

5.

1. (yo) _____

2. (tú) _____

3. (mis amigos y yo) _____

4. (usted) _____

5. (Sandra y tú) _____

Tercera parte

VOCABULARIO 3/GRAMÁTICA 3

18 Look at the list of Manuel's school supplies. Then write which items he needs for each of the classes listed below. Some items are needed for more than one class.

| diccionario | zapatos de tenis | calculadora | lápices | papel |
| regla | bolígrafo | cuaderno | carpeta | |

historia	alemán	arte	educación física	matemáticas

19 Solve the crossword puzzle by writing the family members described in the clues below.

HORIZONTAL

1. La hija de mi madre
3. La mamá de mis hermanos
7. La hija de mi hermano
8. Las hermanas de mi padre

VERTICAL

2. El hijo de mi hija
4. La madre de mi padre
5. El hijo de mis tíos
6. El esposo (*husband*) de mi mamá

VOCABULARIO 3/GRAMÁTICA 3

20 Choose the description which best matches each picture.

1. _____

a. En mi familia somos cinco.
   Vivimos en una casa con jardín.

b. Tenemos una casa pequeña.
   No tengo hermanos.

c. Tengo un hermano pequeño.
   Vivimos en un apartamento.

2. _____

a. Mi casa tiene una sala pero
   no tiene comedor.

b. Tenemos un comedor con
   una mesa y seis sillas.

c. Tenemos una mesa en la sala.

3. _____

a. Mi madre es rubia. Mi padre
   no tiene mucho pelo.

b. Mi padre usa lentes y tiene
   poco pelo.

c. En mi familia somos seis.
   Mis hermanas son altas.

4. _____

a. Mi hermano es muy travieso.
   Nunca hace los quehaceres.

b. Mi hermano es alto y delgado.
   Él limpia la cocina.

c. Mi hermano y yo limpiamos
   la cocina.

21 Say what chores each of these family members has to do. Be sure to use the verb **tocar**.

MODELO Cecilia: **Le toca lavar el baño.**

1. Papá y tú: _____

2. Mamá y yo: _____

3. Yo: _____

VOCABULARIO 3/GRAMÁTICA 3

22 Imagine this is your class schedule. Answer the questions.

Hora	lunes	martes	miércoles
8:30	matemáticas	química	matemáticas
9:20	inglés	arte	inglés
10:10	taller	inglés	taller
11:00	alemán	alemán	computación
11:40	almuerzo	almuerzo	almuerzo
12:40	español	arte	español
1:30	educación física	ciencias	educación física

1. ¿Qué clase tienes después de español los lunes? _Tengo la clase de educación física después de español los lunes_

2. ¿A qué hora tienes la clase de inglés los martes? _la clase de inglés los martes an las diez y diez._

3. ¿Qué clases tienes el martes por la tarde? _Tengo las clases de arte y ciencias el martes por la tarde._

4. ¿Cuántas clases tienes por la mañana? _Tengo cinco clases por la mañana._

5. ¿A qué hora almuerzas? _Almuerzo son las doce menos viente._

23 Write the correct form of the verb in parentheses to complete each sentence.

1. Hoy me _toco_ (tocar) limpiar el garaje.

2. A mí me _parece_ (parecer) injusto.

3. Mi hermanito siempre _empieza y_ (empezar) a limpiar tarde.

4. Él también _come_ (comer) y no _lava_ (lavar) su plato.

5. Cuando él y yo _bebemos_ (beber) algo, yo siempre lavo.

6. ¿Tú arreglas la cocina cuando _almuerzas_ (almorzar)?

7. Él y yo _dormimos_ (dormir) en una habitación.

8. Cuando es hora de arreglar, ¡él _sale_ (salir) y no _vuelve_ (volver)!

(11)

VOCABULARIO 3/GRAMÁTICA 3

24 On the lines below, write sentences to say things that you and others do. Choose verbs from the box that match your subjects. The first one has been done for you.

~~empiezan~~	~~meriendan~~	pongo	~~veo~~
~~sé~~	~~duermen~~	escribimos	

1. **Mis amigos empiezan la clase a las cuatro y media.**
2. Mi familia meriendan todos los dias.
3. Yo pongo mi teléphono en mi cuarto.
4. Yo veo mi perro en el parque.
5. Yo sé mucho sobre matimaticas.
6. Mi familia duermen en los hotels.
7. Mi amiga y yo escribimos las cartas.

25 Read the paragraph about René. Then rewrite it using the **yo** form of the verbs so that it will be about yourself.

René no **duerme** hasta tarde los fines de semana porque **hace** muchos quehaceres en su casa. Primero, **arregla** su habitación y **pone** la mesa. Luego, **sale** con su perro y **trae** pan para el desayuno. **Empieza** a desayunar a las nueve. Cuando **ve** que son las diez, René **sabe** que **le toca** pasar la aspiradora, pero **le parece** bien.

Yo no duermo hasta tarde los fines de semana porque hago muchas quehaceres en mi casa. Primero, arreglo mi habitación y pongo la mesa. Luego, salgo con mi perro y traigo pan para el desayuno. Empienzo a desayunar a las nueve. Cuando veo que son las diez, yo sé que el toca pasar la aspiradora, pero mi parece bien.

Leamos

26 Imagine that you are an exchange student in a Spanish-speaking country. Read this page in your diary, then write **cierto** or **falso** for each of the statements below.

Hoy es sábado y no tengo colegio. Voy a escribir sobre mi vida en este país (country). Primero, esta familia es muy grande. Hay cinco hermanos, nueve tíos y dieciocho primos. Los abuelos viven con nosotros y los tíos vienen a visitarlos (to visit them) todas las semanas. A mí me gusta hablar con los abuelos. Ellos son muy importantes en la familia. Son simpáticos y saben mucho. En esta familia todos tienen apodos (nicknames). Yo me llamo Juan pero me llaman Juancho. A la tía Josefina la llaman doña Josefa.

Los sábados por la noche algún amigo nos invita a su casa o a una fiesta. Bailamos salsa y merengue hasta tarde. También tocamos el piano o la guitarra y cantamos. Los domingos almorzamos en casa de los tíos. Si hace buen tiempo, la tía sirve el almuerzo en el jardín. Comemos mucho. Por la tarde jugamos al fútbol. Cuando es casi de noche, volvemos a casa para hablar y ver la telenovela (soap opera) del domingo.

_____ **1.** En la familia son muchos.

_____ **2.** Los abuelos son bastante aburridos y serios.

_____ **3.** A tus amigos les gustan mucho el baile y la música.

_____ **4.** Los domingos siempre van a un restaurante (restaurant).

_____ **5.** Los muchachos hacen deportes por la tarde.

_____ **6.** Por la noche, a veces ven televisión.

27 Choose the correct answer for each of the questions, based on the reading.

_____ **1.** ¿Qué hacen los muchachos en las fiestas?
    a. Comen y ven televisión.   **b.** Bailan y cantan.

_____ **2.** ¿Quiénes vienen a visitar a los abuelos?
    a. los amigos   **b.** los tíos

_____ **3.** ¿Adónde van los muchachos los sábados por la noche?
    a. al cine   **b.** a la casa de un amigo

_____ **4.** ¿Quién es Juancho?
    a. Es Juan.   **b.** Es el mejor amigo de Juan.

_____ **5.** ¿Cuándo vuelve Juan a casa los domingos?
    a. Vuelve por la tarde.   **b.** Vuelve al mediodía.

Repaso

28 Answer the following questions with your own information. Use complete sentences.

Primera parte

1. ¿Cómo te llamas?

_____

2. ¿Cómo eres?

_____

3. ¿Cuál es tu colegio?

_____

4. ¿Cómo se llama tu profesor(a) de español?

_____

Segunda parte

1. ¿Qué haces los sábados?

_____

2. ¿Adónde te gusta ir?

_____

3. ¿Con quién te gusta ir?

_____

4. ¿Practicas un deporte? ¿Cuál?

_____

Tercera parte

1. ¿Necesitas algo para el colegio?

_____

2. ¿A qué hora empieza el colegio?

_____

3. ¿Qué clase tienes primero los lunes?

_____

4. ¿Cuántas personas hay en tu familia?

_____

5. ¿Haces quehaceres en tu casa? ¿Cuáles son?

_____

¡A comer!

1 According to this note from Ángela's mother, what does Ángela need to do to set the table?

> Hola, Ángela:
>
> Voy a regresar tarde a casa. ¿Puedes poner la mesa, por favor? Vamos a comer sopa de tomate, jamón y papas y vamos a tomar agua.
>
> Hasta pronto, Mamá

Para comer la sopa, la familia necesita (1)_____

y (2)_____. Ángela tiene que poner

(3)_____, (4)_____ y

(5)_____ para comer el jamón y las papas. Quieren tomar

agua. Van a necesitar (6)_____. ¿Y algo más? Sí, todos

necesitan (7)_____ para limpiar sus dedos (fingers).

2 Julieta likes to vary her lunch. How many different types of salads, sandwiches, and sauces can she make from the ingredients in the box?

atún	queso	jamón	papas	frutas	tomate	verduras

las ensaladas	los sándwiches	las salsas
_____	_____	_____
_____	_____	_____
_____	_____	_____
_____	_____	_____

3 You and your friend Nacho are eating. Respond to his comments, giving your opinion of each item. **Sí** means you like it and **no** means you don't.

1. Nacho: ¡Qué rica está la sopa!

   Tú: (no) _____

2. Nacho: ¿Qué tal está la ensalada?

   Tú: (sí) _____

3. Nacho: Aquí preparan muy bien los jugos.

   Tú: (no) _____

VOCABULARIO 1/GRAMÁTICA 1

4 Using the hints to the right, find 10 words related to food in the puzzle.

W	D	C	V	R	G	H	K	I	O	A	U	B	E	M	L
P	I	C	A	N	T	E	B	K	T	R	Q	B	G	O	L
N	A	A	U	M	N	O	Z	Q	E	L	U	V	Y	J	M
Q	T	L	V	V	A	S	O	N	N	K	E	E	A	O	D
O	K	I	E	I	T	S	T	E	E	N	S	A	L	S	A
B	R	E	C	E	U	O	C	H	D	N	O	B	N	E	O
U	T	N	Z	L	N	P	U	D	O	A	U	C	X	I	T
V	S	T	P	L	E	I	B	E	R	D	S	O	P	A	M
Y	A	E	L	P	L	A	T	O	E	J	U	E	T	L	A
P	A	T	E	M	E	C	O	L	A	N	D	U	J	I	T
N	O	C	H	B	R	I	U	V	T	O	M	A	T	E	A

1. salsa ____

2. La sopa está ____.

3. Pon el ____, el ____ y el ____ en la mesa.

4. un sándwich de ____ y ____

5. Me encanta la ____ de chocolate.

6. Toma esto con una cuchara.

7. Es rico en la ensalada.

5 Your friends are talking about food while eating. Choose the correct verb to complete each sentence.

_____ 1. El tomate ____ muy saludable (*healthful*).
   a. es   **b.** está

_____ 2. ¡Qué rico ____ este flan hoy!
   a. es   **b.** está

_____ 3. ¿Qué tal ____ tus verduras?
   a. están   **b.** son

_____ 4. No me gustan las comidas fritas porque ____ grasosas (*greasy*).
   a. son   **b.** están

_____ 5. Yo nunca tomo jugo de tomate. ____ horrible.
   a. Es   **b.** Está

_____ 6. ¿Por qué no pruebas la salsa? ____ riquísima.
   a. Es   **b.** Está

6 Lunch is awful today! Complete the sentences to describe the horrible meal. Follow the **modelo**.

   MODELO ¡La ensalada de frutas **no está fría**!

   1. ¡La sopa de verduras _____!

   2. ¡Las papas fritas _____!

   3. ¡La ensalada _____!

   4. ¡El refresco _____!

   5. ¡La salsa picante _____!

VOCABULARIO 1/GRAMÁTICA 1

7 Choose the best verb from the box for each sentence and conjugate it as needed in each blank.

servir	pedir	poder	probar	preferir

Es la una y tengo que (**1**)_____ el almuerzo. José

(**2**)_____ helado pero yo (**3**)_____

sopa. Pili y Mili (**4**)_____ papas fritas pero yo

no (**5**)_____ preparar papas fritas. José

(**6**)_____ la sopa. ¡Ay! Está muy caliente. Pili y Mili no

(**7**)_____ la sopa. Dicen *(they say):* (**8**)«_____

comer sándwiches». Finalmente *(finally)* José y yo (**9**)_____

sándwiches de queso. Pili (**10**)_____ leche. Ahora todos

(**11**)_____ comer. Nosotros (**12**)_____

los sándwiches. ¡Están deliciosos!

8 For each picture below, tell which food you prefer and why. The first one has been done for you.

1.   2.   3.   4.

1. **Prefiero el queso porque es más rico.**
_____

2. _____

3. _____

4. _____

9 For each question the waiter asks you, give a complete answer in Spanish.

1. —¿Qué desea usted? _____

2. —¿Desea algo de postre? _____

3. —¿Y para tomar? _____

4. —¿Algo más? _____

¡A comer!

10 You are spending a weekend with a friend in Mexico. Choose the correct ending for each sentence to describe your meals together.

_____ 1. Using chocolate, chiles, and nuts, you prepare **mole** ___.
   a. to drink   **b.** to eat with chicken   **c.** to spread on tortillas

_____ 2. As a snack in Mexico you have ___.
   a. roasted corn   **b.** hot chocolate   **c.** strawberries

_____ 3. One of the foods you eat, called **elote** in the Nahuatl language, is ___.
   a. beans   **b.** corn   **c.** plantain

_____ 4. Between 1:00 and 2:00 P.M. you will have ___.
   a. el desayuno   **b. la merienda**   **c. la comida**

_____ 5. You eat **la cena** at ___.
   a. 12:00 P.M.   **b.** 6:00 P.M.   **c.** 9:00 P.M.

11 Tell if each of the following statements about Latin American cultures is
a) cierto or **b) falso.**

_____ 1. Mexican street vendors sell cucumbers with chile powder as a snack.

_____ 2. In Latin American countries, lunch is generally a light meal.

_____ 3. The earliest varieties of corn can be seen in a Mexican museum.

_____ 4. Latin Americans never drink tea, only coffee.

_____ 5. All Latin Americans have a big meal in the evening.

12 Mexico has rich and diverse architecture. Contrast the architecture of the
Universidad Nacional Autónoma de México with the architecture of **Puebla**
and of **Teotihuacán.** What makes each of them unique?

_____

_____

_____

_____

_____

_____

_____

_____

_____

_____

(18)

¡A comer!

13 Use the clues to fill in the crossword puzzle.

HORIZONTAL

3. Es una fruta roja o verde.
5. Puedes comerlo o tomarlo.
6. Es una verdura. Comes sus flores (*flowers*).
8. Su jugo es muy rico.

VERTICAL

1. Puedes tomarlo para el desayuno (*3 words*).
2. Es una verdura que ayuda a ver bien.
4. Siempre lo comemos en las fiestas de cumpleaños.
7. tortillas de ____

14 This is Andrew's first time in a Chinese restaurant and he is bewildered. Help him out by answering his questions. Use direct object pronouns when appropriate and follow the **modelo**.

MODELO ¿Tomo leche con la comida? **Sí, tómala.**

1. ¿Qué tal si pruebo la sopa de pescado? _____

2. ¿Pido arroz con la sopa? _____

3. ¿Añado la salsa picante a la carne? _____

4. ¿Tengo los palitos en la mano (*chopsticks in my hand*)? _____

5. ¿Pongo la comida en el plato? _____

15 Choose the word that does not belong in each list.

1. corta   mezcla   salsa   _____

2. ayuda   tenedor   cuchillo   _____

3. huevo   cuchara   tocino   _____

4. refrigerador   manzana   durazno   _____

5. desayuno   cena   añadir   _____

VOCABULARIO 2/GRAMÁTICA 2

16 Write the foods in the correct category on the menu.

pescado con espinacas	sándwich de atún	pan dulce	arroz con pollo
huevos con tocino	carne con papas	refrescos	café con leche
tacos de verduras	jugos	hamburguesa	cereales

menú

Desayuno
_____
_____

Cena
_____
_____

Almuerzo
_____
_____

Para tomar
_____
_____

17 You are trying to help your sister in the kitchen, but she hasn't told you what to do. Ask if she wants help, using direct object pronouns.

MODELO Aquí están las verduras para la ensalada. **¿Las mezclo?**

1. El pescado está en el microondas. _____

2. Las zanahorias están frías. _____

3. El maíz no está preparado (*prepared*). _____

4. Las cucharas no están en la mesa. _____

5. Los platos están sucios (*dirty*). _____

18 Answer each question using **ir** + **a** + an infinitive and the correct direct object pronoun. Write each answer two different ways. Follow the **modelo**.

MODELO ¿Quién va a preparar el café? (Gilberto)
Gilberto lo va a preparar. / Gilberto va a prepararlo.

1. ¿Quién va a abrir los cereales? (tú)
_____

2. ¿Quién va a cocinar los huevos? (nosotros)
_____

3. ¿Quién va a calentar la leche? (usted)
_____

Cuaderno de actividades

VOCABULARIO 2/GRAMÁTICA 2

19 Bruno and Araceli are going to fix dinner. Use the picture and verbs from the box to give them cooking instructions. The first one has been done for you.

sacar	mezclar	lavar
calentar	cortar	añadir

1. **Araceli, saca un cuchillo.** _____

2. _____

3. _____

4. _____

5. _____

6. _____

20 Diego wants to help his mother. Complete his comments and questions using the words in the box.

almorzar	ayudar	hambre	por qué no	qué tal si

1. Tengo mucha _____, Mamá. ¿Qué hay de almuerzo?

2. ¿Vamos a _____ sándwiches de tocino?

3. ¿_____ almorzamos en la cocina?

4. ¿Puedo _____ en la cocina?

5. Mamá, ¿_____ preparo los sándwiches?

21 Answer these questions in complete sentences.

1. ¿Qué desayunas los lunes?

   _____

2. ¿Qué quieres hoy de almuerzo?

   _____

3. ¿Qué hay de cena hoy en tu casa?

   _____

4. ¿Cuándo desayunas huevos, tocino y pan tostado?

   _____

5. ¿Qué pones en la mesa?

   _____

¡A comer!

22 Felipe is at school and his lunch is at home. Read the story to find out what he does and then answer the questions.

El almuerzo de Felipe

Son las once y media y Felipe sale de la clase de educación física. Es la hora del almuerzo. Él tiene mucha hambre. Todas las mañanas Felipe prepara un gran sándwich de queso. Siempre lo pone en su mochila con un refresco y una fruta. Pero hoy, cuando abre su mochila, ¡su almuerzo no está!

Muy serio, Felipe va a la cafetería. No tiene nada para comer. Su almuerzo está en casa. Felipe ve a sus amigos en una mesa y les pide un poco de su comida. Son todos simpáticos con él.

—Felipe, tengo un sándwich de atún. ¿Lo quieres probar?

—¿Deseas huevo con espinacas?

—Felipe, ¿te sirvo sopa de tomate?

Felipe nunca prepara atún, huevos con espinacas o sopa de tomate para el almuerzo. Prefiere su sándwich de queso pero va a probar el almuerzo de sus amigos. ¡Le gusta todo! Al final *(In the end)* Felipe come un almuerzo delicioso.

1. ¿A qué hora tiene Felipe el almuerzo?

    _____

2. Felipe casi siempre tiene almuerzo. ¿Quién lo prepara?

    _____

3. ¿Hoy, dónde está su almuerzo?

    _____

4. ¿Qué pide Felipe?

    _____

5. ¿Cómo son los amigos de Felipe?

    _____

6. ¿Cómo está el almuerzo de Felipe?

    _____

¡A comer!

23 Álvaro has a lot of problems. Use the illustrations to write commands that will help him. Use direct object pronouns when appropriate. The first one has been done for you.

1. Siempre llego tarde al almuerzo.

   Compra un reloj.

2. Necesito muchas cosas para la fiesta. ¿Dónde las compro?

   _____

3. No puedo ayudar en la cocina porque no veo muy bien.

   _____

4. Tengo hambre pero el almuerzo está frío.

   _____

5. Siempre tengo hambre en la clase de educación física.

   _____

24 Fill in the blanks in Inés's paragraph with the correct form of these verbs: **llover, pedir, dormir, empezar, poder** and **servir**.

Hoy es sábado. Todos los sábados yo (1)_____ hasta las nueve de la mañana. ¡Me gusta la cama! Papá (2)_____ el desayuno a las diez. Javier y yo tenemos hambre y (3)_____ un desayuno grande. Hoy (4)_____ mucho y no voy a (5)_____ patinar. A las once (6)_____ las películas de los sábados.

INTEGRACIÓN

25 Néstor and Julia are having a big party. Look at their lists and answer the questions. Use direct object pronouns in your answers.

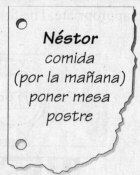

Néstor
comida
(por la mañana)
poner mesa
postre

Julia
música
platos
cena

MODELO ¿Quién prepara el postre? **Néstor lo prepara.**

1. ¿Quién saca los platos? _____

2. ¿Quién va a preparar la cena? _____
_____

3. ¿Quién va a poner la música? _____

4. ¿Quién pone la mesa? _____

5. ¿Cuándo va a comprar Néstor la comida? _____
_____

26 Answer the following questions about your eating habits.

1. ¿Cuál es tu comida preferida?
_____

2. ¿Quién prepara la cena en tu casa?
_____

3. ¿Con qué frecuencia sales a restaurantes?
_____

4. ¿Dónde almuerzas cuando estás en el colegio?
_____

5. ¿A qué hora desayuna tu familia?
_____

6. ¿Cuáles son tus quehaceres en la cocina?
_____

Cuerpo sano, mente sana

CAPÍTULO 7

VOCABULARIO 1/GRAMÁTICA 1

1 Look at the drawing. Then write a
sentence telling what Juan uses each
thing to do, and when he does it. Use
the words **antes (de)**, **después (de)**,
primero, and **luego**.

1. _____

2. _____

3. _____

4. _____

2 Juan Pablo is describing how he spends his Saturday nights. Conjugate the verbs
in the box and write the correct forms in the blanks.

empezar	acostarse	preferir	tener
cepillarse	merendar	servirse	encontrar
ponerse	bañarse	poder	

Mi hermana **(1)**_____ temprano

pero mi hermano y yo vemos videos. Él siempre quiere ver películas de terror pero yo

(2)_____ las películas de aventuras porque

no **(3)**_____ dormir después de ver películas

de terror. A veces nosotros **(4)**_____

películas de misterio divertidas. Antes de ver una película, nosotros

(5)_____. Mi hermano y yo

(6)_____ el piyama, y mi hermano

(7)_____. Yo casi siempre

(8)_____ hambre por la noche, de

modo que *(so)* **(9)**_____ algo rico para

comer. Cuando la película **(10)**_____,

me relajo en el sofá y **(11)**_____ una pizza.

VOCABULARIO 1/GRAMÁTICA 1

3 Jacobo is talking to himself this morning. For each of his questions to himself on the left, select a logical thought on the right.

_____ **1.** Acabo de despertarme.
¿Estoy listo?

_____ **2.** Acabo de lavarme el pelo.
¿Qué me falta hacer?

_____ **3.** ¿Por qué no puedo peinarme?

_____ **4.** Acabo de comer el desayuno.
¿Qué tengo que hacer?

_____ **5.** ¿Por qué no puedo lavarme
los dientes?

_____ **6.** Estoy listo. ¿Puedo salir?

> **a.** Porque no encuentro la pasta
> de dientes.
> **b.** Tengo que lavarme los dientes.
> **c.** ¡Sí! No tengo que hacer nada.
> **d.** No. Tengo que levantarme
> y vestirme.
> **e.** Porque no encuentro el peine.
> **f.** Tengo que secarme el pelo
> y peinarme.

4 Your younger brother is really funny. For each reasonable thing he says, write **sí.** For each silly thing he says, write **no** and then rewrite the sentence so it makes sense. The first one has been done for you.

____**no**____ **1.** El piyama es para secarse. **La toalla es para secarse.**

_____ **2.** Vas a maquillarte con el cepillo de dientes. _____

_____ **3.** Quiero levantar pesas para entrenarme. _____

_____ **4.** Necesito la pasta de dientes para lavarme la cara. _____

_____ **5.** Podemos secarnos con el peine. _____

_____ **6.** Me lavo la cara con agua y jabón. _____

_____ **7.** La navaja es para vestirse. _____

_____ **8.** Necesito ponerme la ropa para bañarme. _____

VOCABULARIO 1/GRAMÁTICA 1

5 Look at the pictures below. Then complete the sentence for each picture to say what the teens are doing. The first one has been done for you.

1. Camilo   **2. Enrique**   **3. Mariana**

1. Camilo se baña. Se lava __la espalda, el hombro y el brazo.__

2. Enrique levanta pesas. Entrena _____

    _____

3. Mariana se entrena. Estira _____

    _____

6 For each pair of things you are going to do, say whether you are going to do the first one before or after the second one.

MODELO afeitarse / bañarse **Me voy a afeitar después de bañarme.**

1. vestirse / quitarse el piyama _____

    _____

2. quitarse los zapatos / acostarse _____

    _____

3. estirarse / entrenar las piernas _____

    _____

4. maquillarse / secarse la cara _____

    _____

5. usar la secadora de pelo / lavarse el pelo _____

    _____

6. despertarse / prepararse para el colegio _____

    _____

    _____

(27)

Cuerpo sano, mente sana

CAPÍTULO 7

CULTURA

7 Answer the questions below about life in Argentina.

1. What is the weather like in December in Argentina? _____

2. When is the skiing season in Bariloche? _____

3. Can you name a famous August celebration in Bariloche? _____

_____

4. What kind of food would you have at a **parrillada**? _____

_____

5. Which countries greatly influenced Argentine cooking? _____

_____

6. How would you drink the herb tea known as **mate**? _____

_____

8 Say whether the following statements are **cierto** or **falso**.

_____ 1. The Cave of the Hands in Patagonia is a famous painting by Xul Solar.

_____ 2. **Picadas** are the gourds in which **mate** is prepared.

_____ 3. During the summer, southern Argentina has days with 20 hours of sunlight.

_____ 4. Argentine architecture has been greatly influenced by the Greek style.

_____ 5. The Iguazú waterfalls are on the international border between Argentina and Brazil.

9 Imagine you spent your vacation in Argentina. Describe what you saw in the **pampas** and tell about your trip to the southern tip of Argentina.

_____

_____

_____

_____

_____

_____

_____

_____

28

Cuerpo sano, mente sana

10 Use the clues to fill in the puzzle below with names of parts of the body. Then find the secret message in the shaded boxes.

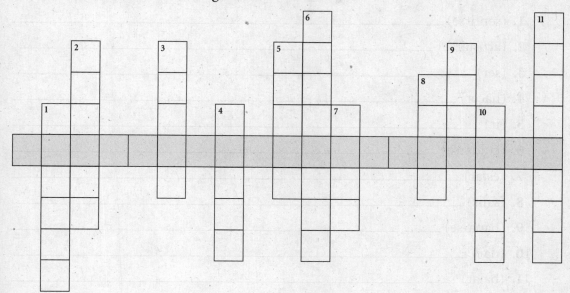

1. Está encima de los hombros.

2. Aquí está el pelo.

3. Tienes dos para escuchar.

4. Si juegas al fútbol, no las puedes usar.

5. Hay cinco en la mano.

6. Si te duele no debes comer.

7. Puede ser negro o rubio.

8. Te duelen cuando caminas mucho.

9. Son para ver.

10. A veces te duele cuando tienes catarro.

11. Si te duele no puedes cantar.

11 Match each sentence starter in the left column with an appropriate ending in the right column. Use each response only once.

_____ 1. La nieve…

_____ 2. Mis tíos…

_____ 3. La secadora de pelo…

_____ 4. Mi mano…

_____ 5. Mi hermano…

_____ 6. Mi mamá…

_____ 7. Yo…

a. es joven.
b. está fría.
c. está contento.
d. soy muy alto.
e. está en el baño.
f. es fría.
g. están tristes.

12 Your parents are giving you advice. Use the cues to write informal commands. Follow the **modelo.**

MODELO (comprar) **No compres muchos dulces.**

1. (sentirse) _____

2. (acostarse) _____

3. (ser) _____

4. (hacer) _____

5. (ir) _____

6. (cuidarse) _____

7. (estar) _____

8. (salir) _____

9. (bañarse) _____

10. (dar) _____

11. (bajar) _____

13 Use **tener** to describe how each person is doing and tell why. Then say how they feel. The first one has been done for you.

1. Beto

2. Débora

3. Juan Pablo

4. señor Castro

1. **Beto tiene calor porque hace mucho sol. Se siente contento.**
_____

2. _____

3. _____

4. _____

30

VOCABULARIO 2/GRAMÁTICA 2

14 Carlos is feeling sick. Use the correct form of the words in the box, and add other words if needed, to complete his conversation with his mother.

sentirse	suficiente	doler	ver	pasar
ponerse	grasa	levantarse	seguir	

Mamá Carlos, por favor (1)_____ ya y

(2)_____ la ropa para ir al colegio.

Carlos Ay, Mamá, yo (3)_____ muy mal.

Mamá ¿Qué te (4)_____?

Carlos (5)_____ el estómago.

Mamá Sí, (6)_____ mal.

Carlos Estoy mal porque no duermo (7)_____.

Mamá No, estás mal porque (8)_____ una dieta mala.

No comas (9)_____.

Carlos Sí, mamá, es cierto.

15 Your friend isn't very healthy. Read her statements, then tell her what to do and what not to do. Follow the **modelo** and use direct object pronouns when possible.

MODELO Tengo ganas de tomar un refresco. **No lo tomes. Bebe un vaso de leche.**

1. ¡Me encantan las papas fritas! _____

2. No quiero entrenarme el cuerpo. _____

3. No me gusta lavarme los dientes. _____

4. Siempre me siento cansada. _____

16 Your friend passed you a note saying he was feeling awful and asking for your advice. Write him back, telling him what he should do or not do to take care of himself. Use **necesitar, deber, ¿sabes qué?** and **¿por qué no…?**

_____

_____

_____

_____

_____

_____

Cuerpo sano, mente sana

Read the following advice written by an Argentine soccer player.

Si quieres jugar al fútbol debes mantenerte en forma. Levántate temprano todos los días. Entrena las piernas y los pies para correr rápidamente. Haz ejercicios para estirar la espalda, los hombros y el cuello. Aprende *(learn)* a controlar la pelota con los pies y la cabeza, ¡no con las manos ni los dedos! Para entrenarte también puedes practicar otros deportes o montar en bicicleta.

Cuida tu salud. No te acuestes tarde. Debes dormir ocho horas cada noche. Sigue una buena dieta de verduras, frutas y algo de carne y pescado. Toma leche y no comas mucho dulce ni grasa para no subir de peso, y por supuesto *(of course)* ¡no fumes!

Si estás enfermo, o siempre tienes catarro y te sientes mal, cuídate. No vayas al entrenamiento. Quédate en la casa y descansa. Si estás muy cansado y te duele la garganta, toma jugo de naranja y haz una siesta para relajarte.

Si sigues estos consejos, nunca vas a estar aburrido ¡y vas a poder jugar al fútbol como *(like)* un campeón!

17 For each word from the reading (in the left column), find an English equivalent (in the right column).

_____ 1. consejos

_____ 2. pelota

_____ 3. quédate

_____ 4. rápidamente

_____ 5. campeón

a. stay
b. champion
c. quickly
d. advice
e. ball

18 Answer the following questions in complete sentences.

1. ¿Qué partes del cuerpo debes entrenar si quieres jugar al fútbol?

_____

2. ¿Qué partes del cuerpo no usas en el fútbol? _____

_____

3. ¿Qué necesitas comer o no comer? _____

_____

4. ¿Qué debes hacer si estás enfermo? _____

_____

5. ¿Qué tienes que hacer para jugar como un campeón? _____

_____

Cuerpo sano, mente sana

19 Look at the drawings. Write what the people are doing. Then make up an activity they'll do next. The first one has been done for you.

1.

2.

3.

4.

5.

6.

1. **El muchacho y la muchacha juegan al básquetbol. Después van a comer.**

2. _____

3. _____

4. _____

5. _____

6. _____

20 Write the Spanish name for the body part described by each phrase below. The first one has been done for you.

1. Límpiala con la servilleta. _____ **la boca** _____

2. Los necesitas para escuchar tu música rock. _____

3. Usas todos cuando tocas el piano. _____

4. Entrenas esta parte de la pierna cuando montas en bicicleta. _____

5. Tienes que protegerlas (*protect them*) cuando usas el horno. _____

INTEGRACIÓN

21 Juan filled out a health survey for his doctor. Read it and then give Juan some advice about food, exercise, and sleep.

Encuesta sobre hábitos de salud

A. ¿Cuánto ejercicio haces? ¿Qué ejercicio haces?

No soy muy atlético. Cuando hace sol voy a la playa. A veces camino un poco. Nunca juego al fútbol y tampoco corro. Me encanta leer o navegar por Internet.

B. ¿Haces un trabajo activo?

Tengo algunos quehaceres en casa. Lavo los platos y a veces corto el césped.

C. ¿Cuál es tu comida preferida?

Las papas fritas y los perros calientes. No como verduras nunca y tampoco tomo leche—prefiero refrescos dulces. Pero siempre como postre. Me gustan las frutas. La leche y el cereal me parecen horribles.

D. ¿Comes bien?

Sí. Desayuno huevos con mucho tocino. Meriendo por la mañana, por la tarde y por la noche. Nunca almuerzo porque no tengo hambre al mediodía.

E. ¿Cuánto duermes?

No mucho. Hago tareas hasta la medianoche y después veo televisión. Me levanto tarde para el colegio y a veces me duermo en clase.

F. ¿Te sientes enfermo a veces?

Sí, a menudo me duele el estómago y también la cabeza. Me siento cansado.

1. la comida: _____

_____

_____

_____

2. el ejercicio: _____

_____

_____

_____

3. el sueño: _____

_____

_____

_____

Vamos de compras

1 For each statement, mark the appropriate comment with an "X".

	¡Es una ganga!	¡Es un robo!
1. un saco que cuesta $10		
2. una chaqueta que cuesta $324		
3. unos pantalones que cuestan $12		
4. un vestido de algodón que cuesta $275		
5. una camisa que cuesta $95		
6. unos pantalones cortos que cuestan $2		
7. una blusa de seda que cuesta $8		
8. una camiseta de algodón que cuesta $73		

2 A large chain store is calculating how much clothing it sold last year. Look at the pictures. Then, write how many of each item it sold. Follow the **modelo.**

MODELO　　　　**1.**　　　　**2.**　　　　**3.**

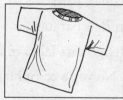   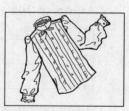

4.　　　　**5.**　　　　**6.**　　　　**7.**

MODELO (3.231) **tres mil doscientos treinta y un pares de botas**

1. (40.621) _____

2. (15.702) _____

3. (9.531) _____

4. (2.000.106) _____

5. (1.180) _____

6. (1.000.000) _____

7. (80.100) _____

VOCABULARIO 1/GRAMÁTICA 1

3 Use the clues to fill in the crossword puzzle with clothing terms.

VERTICAL

1. Los llevas en las piernas.

2. Son necesarios para practicar deportes.

3. Es un artículo para mujeres.

HORIZONTAL

4. Es necesario para nadar.

5. Lo llevas en la cabeza.

6. Las usas en los pies en el verano.

7. Te pones estas cosas antes de los zapatos.

8. En Alaska necesitas uno muy bueno.

4 Lucía is looking at sweaters that are close to her and skirts that are farther away. Use the correct form of the demonstrative adjectives to complete her thoughts below.

Ay, no sé. Me gustan (1)_____ suéteres azules. Pero

(2)_____ faldas también me gustan y son más baratas.

(3)_____ suéter rojo es bonito. Pero no tengo una falda roja.

(4)_____ falda roja está a la última moda. No voy a comprar este

suéter porque (5)_____ talla de suéter me queda grande.

¡Compro la falda!

5 Use the chart to write comparative sentences about Sara and Olga.

Sara	muy atlética	14 años	delgada	muy alta	bonita
Olga	algo atlética	12 años	muy delgada	alta	bonita

MODELO Sara es más atlética que Olga.

1. _____

2. _____

3. _____

4. _____

VOCABULARIO 1/GRAMÁTICA 1

6 Supply the questions in the conversation between a clerk and a customer. The first one has been done for you.

1. **¿En qué le puedo servir?** _____ Nada más estoy mirando.

2. _____ Uso la doce.

3. _____ Uso el nueve.

4. _____ Busco una blusa de seda.

5. _____ Le queda pequeña.

6. _____ Me parecen muy bonitas.

7. _____ Cierra a las ocho.

7 The salesclerk is trying to help Pablo, but Pablo disagrees with him on everything. Write Pablo's responses.

MODELO Ese abrigo le queda muy bien. **No, me queda muy mal.**

1. Estos zapatos son tan buenos como esos zapatos. _____

_____

2. Esta chaqueta está a la última moda. _____

3. Usted necesita una talla más pequeña. _____

4. Esta camiseta es barata. Además, es buena. _____

5. Este abrigo es para hombres. _____

8 Compare what Trina and Ema do. Use **más, menos,** and **tanto.**

Trina	compra tres sacos	gasta $150	tiene $250
Ema	compra dos sacos	gasta $150	tiene $150

1. Trina compra _____ que Ema.

2. Trina gasta _____ dinero como Ema.

3. Trina es _____ rica que Ema.

9 Find the word that doesn't go with the others. Write it on the line.

1. cliente   dependiente   morado   _____

2. mil   bolsa   sombrero   _____

3. rojo   dinero   amarillo   _____

4. gris   anaranjado   lana   _____

(37)

Vamos de compras

10 Choose the correct answer to each question.

_____ 1. If you request a certain **talla** in a Latin American country, what are you buying?
    a. shoes   **b.** clothes

_____ 2. Why are shoe sizes in Spanish-speaking countries different from those in the U.S.?
    a. They make smaller shoes.   **b.** They use the metric system.

_____ 3. What is a **guayabera**?
    a. a Cuban shirt   **b.** a Cuban rhythm

_____ 4. Where do people **regatear** in Latin America?
    a. chain stores   **b.** open-air markets

_____ 5. In which two states could you best market products to the Spanish-speaking population?
    a. California and Florida   **b.** Oregon and Kansas

11 Tell whether each of the following statements is **a) cierto** or **b) falso**.

_____ 1. **Las croquetas** is a dance performed during the Miami Carnival.

_____ 2. **La Pequeña Habana** is a Cuban neighborhood in Miami.

_____ 3. The architecture of St. Augustine, Florida, reflects its French roots.

_____ 4. Oranges were first brought to Florida by Spanish explorers.

_____ 5. Typical ingredients in **floribeño** foods include tropical fruits, seafood, and spices.

12 Write a paragraph about the **Carnaval de Miami.** Be sure to mention where it takes place in the city, what it celebrates, and one type of music you can hear.

_____

_____

_____

_____

_____

_____

Vamos de compras

13 Eva calls Héctor's house to speak with him. For each question or statement on the left, write the letter of Eva's response on the right.

_____ 1. Aló.

_____ 2. ¿De parte de quién?

_____ 3. Espera un momento.

_____ 4. Hola, Eva. ¿Adónde fuiste ayer?

_____ 5. ¿Qué hiciste?

_____ 6. ¿No compraste nada?

_____ 7. ¿Cuánto costó?

a. Fui al centro comercial.
b. Habla Eva.
c. ¡Uf! Pagué una fortuna.
d. Hola. ¿Está Héctor?
e. Sí, compré un montón de ropa.
f. Miré las vitrinas.
g. Gracias.

14 All your friends have been to see the latest movie. Number the statements below in order from the person(s) who saw it last (1) to the person(s) who saw it first (5). The first one has been done for you.

__1__ Enrique fue hoy.

_____ Berta y Sammy fueron anteayer.

_____ Julio fue el fin de semana pasado.

_____ Carmen fue anoche.

_____ Renata fue ayer por la tarde.

15 Write a sentence using a verb from the box conjugated in the preterite to tell what everyone did before the party last night. Follow the **modelo.**

levantarse	maquillarse	secarse	bañarse
lavarse	afeitarse	peinarse	

MODELO Mirta **Mirta se levantó.**

1. Víctor _____

2. Raúl y Miguel _____

3. Alex y yo _____

4. Sabina y Aida _____

5. tú _____

6. Toñita _____

VOCABULARIO 2/GRAMÁTICA 2

16 Use the cues below to tell three things that each person did in chronological order. Use complete sentences.

MODELO Emilio y Rafa: mirar, comprar, escuchar

Ellos miraron las vitrinas, compraron unos discos compactos y escucharon música.

1. tú: trabajar, ahorrar, gastar

_____

2. Adrián: preparar, probar, tomar

_____

3. Yo: arreglar, limpiar, descansar

_____

17 Each store in the mall is labeled in the floor plan below. Complete the sentences to tell where the people listed went and what they did there. The first one has been done for you.

Mapa del Centro Comercial Suramericano

Vida Musical	Heladería Fríos	Joyería González	Plaza de Comida
1	2	3	
			4
7 Ropa Para Todos	6 El Zapato	5 Libros y Más Libros	

1. Tú y yo **fuimos a la tienda de música a comprar un DVD en blanco** _____.

2. Yo _____.

3. Tú _____.

4. Ustedes _____.

5. Nosotros _____.

6. Mariela _____.

7. Elena y José _____.

VOCABULARIO 2/GRAMÁTICA 2

18 Write complete sentences telling where the people pictured went, and for what reason they went there. Follow the **modelo.**

MODELO Beatriz y Érica fueron al almacén a mirar las vitrinas.

MODELO

1.

2.

3.

1. _____

2. _____

3. _____

19 You call a friend who isn't home. Write a conversation between your friend's mother and you. Leave a message for your friend and politely say goodbye.

_____

_____

_____

_____

_____

_____

_____

_____

_____

_____

_____

Vamos de compras

20 Read the following advice column in a Spanish-language magazine. Then answer the questions below in English.

Victoria aconseja

Estimada Victoria:
¡Mi hermana es adicta a las compras! La semana pasada fue a un almacén y regresó con veintitrés pares de zapatos. Los pagó con la tarjeta de crédito de mi padre. Ahora no puede salir con sus amigas al centro comercial. Pero anteayer un hombre llegó a nuestra casa con un montón de ropa: vestidos, blusas, faldas y trajes de baño. ¡Todo, pero no zapatos! Mi hermana gastó más de trescientos dólares en ropa que compró por Internet. Mis pobres padres pagaron una fortuna.

¿Qué podemos hacer para controlar a mi hermana?

Sin Dinero en Lima

Estimado Sin Dinero:
Me parece que la solución a tu problema es fácil. ¡Busca un trabajo para tu hermana en una tienda de ropa! Primero, tus padres tienen que cuidar mejor sus tarjetas de crédito. Después, tu hermana debe ir a las tiendas a pedir trabajo (¡no a comprar!). Ella necesita ahorrar dinero para pagar a tus padres. Yo creo *(think)* que después de preguntar a los clientes: «¿En qué le puedo servir?» más de tres mil veces al día, tu hermana va a mirar las vitrinas y pensar antes de gastar. ¡Buena suerte!

Victoria

1. What is the problem described in the letter to Victoria?

   _____

2. Who showed up at the door the day before yesterday?

   _____

3. How is the sister paying for her purchases?

   _____

4. Why does Victoria want the sister to go to a clothing store again?

   _____

21 What two benefits does Victoria expect from her solution? Do you think it will work? Why?

_____

_____

_____

_____

Nombre _____ Clase _____ Fecha _____

Vamos de compras

22 Use informal commands and direct object pronouns (when appropriate) to tell María where to go to find each thing listed below.

MODELO Necesito unos aretes nuevos. (comprar) **Cómpralos en la joyería.**

1. Quiero unos discos compactos. (ir) _____

2. Las sandalias me quedan grandes. (devolver) _____

3. Mi hermano quiere un libro. (pedir) _____

4. Quiero un refresco. (tomar) _____

5. Mi madre necesita unos aretes. (buscar) _____

6. Necesito una camiseta. (comprar) _____

23 A flood damaged everything in your house. But with the insurance money you got to buy all new stuff! Write two things that you bought for each room and say where they are in relation to each other.

MODELO la sala **Compré un sofá y una televisión.**
El sofá está lejos de la televisión.

1. la habitación _____
_____

2. la cocina _____
_____

3. el comedor _____
_____

24 Fill in the blanks to compare these foods. Each comparison should be different.

MODELO Las manzanas son **más deliciosas que** las naranjas.

1. El pollo es _____ la carne.

2. El queso es _____ el tomate.

3. Una zanahoria es _____ un durazno.

4. La leche es _____ el pan.

5. Una ensalada es _____ la sopa.

6. Las papas fritas son _____ el helado.

7. El jugo de tomate es _____ el jugo de naranja.

8. Las espinacas son _____ el brócoli.

9. El pan dulce es _____ el pastel.

Holt Spanish 1B

INTEGRACIÓN

25 Write sentences describing the clothing you will wear to go to the following places.

MODELO una fiesta de cumpleaños de tu mejor amiga
Voy a llevar un vestido rojo, sandalias y una pulsera.

1. la boda de tu prima en Maine en enero

_____

_____

2. el picnic del Día de la Independencia

_____

_____

3. para salir a patinar cuando nieva

_____

_____

4. para ir al centro comercial por la tarde con amigos

_____

_____

5. el partido de fútbol americano en noviembre

_____

_____

6. una fiesta en la playa en agosto

_____

_____

26 Write a paragraph in Spanish telling about your day yesterday. Include what you did, the foods you ate, where you went, who you saw, and what time you went to bed.

_____

_____

_____

_____

_____

_____

_____

_____

_____

_____

Holt Spanish 1B

Cuaderno de actividades

¡Festejemos!

1 Write the name of each holiday described in the clues. Do not include accents or spaces between words. Then read downward to find a description of how the celebrations were. Circle your answer.

1. Es el 24 de diciembre por la noche.

2. Vas a misa o al templo. Esta fiesta termina el domingo.

3. Vamos a festejar el primero de enero.

4. Mandas una tarjeta a tu papá.

5. Celebramos esta fiesta al final de noviembre.

6. En este día todos recibimos regalos.

7. Es un día para ir a la sinagoga y reunirse con la familia.

8. Puedes preparar un almuerzo para tu mamá.

1.
2.
3.
4.
5.
6.
7.
8.

2 Everybody is talking about holidays. Match each question from the first column with a logical response from the second column.

_____ 1. ¿Dónde pasaron la Semana Santa el año pasado?

_____ 2. ¿Qué tal estuvo el Hanukah?

_____ 3. ¿Qué piensas hacer para el Día del Padre?

_____ 4. ¿Van a reunirse con la familia en el día festivo?

_____ 5. ¿Adónde van a ir el Día de la Madre?

a. Vamos a invitar a mi papá a un concierto en el parque.

b. La pasamos como siempre, en una casa en el campo.

c. Sí, queremos pasarlo con nuestros abuelos.

d. A todo dar. Nos reunimos para una gran cena de familia.

e. No vamos a ninguna parte. Pensamos hacer un almuerzo en casa.

CAPÍTULO
9

VOCABULARIO 1/GRAMÁTICA 1

3 First write a question asking a friend what he is going to do on a holiday in the month noted. Then write his answer. Follow the **modelo.**

MODELO febrero: **¿Qué vas a hacer el Día de los Enamorados?**
Pensamos cenar y luego salir a bailar por la noche.

1. julio: _____

_____

2. diciembre: _____

_____

3. enero: _____

_____

4 Put these blocks together. Choose a subject on the left that can go with each preterite verb on the right. Then, write a sentence with each verb on the lines below. The first one has been done for you.

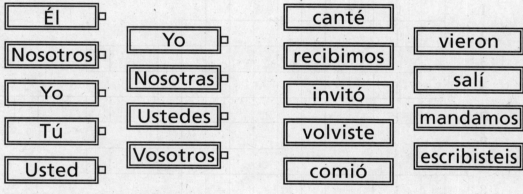

Él
Nosotros
Yo
Tú
Usted

Yo
Nosotras
Ustedes
Vosotros

canté
recibimos
invitó
volviste
comió

vieron
salí
mandamos
escribisteis

1. **Él comió mucho postre.** _____
2. _____
3. _____
4. _____
5. _____
6. _____
7. _____
8. _____
9. _____

Cuaderno de actividades

46

VOCABULARIO 1/GRAMÁTICA 1

5 Answer the questions using a form of the verb **pensar.**

1. ¿Qué piensas hacer en la Nochevieja?

_____

2. ¿Qué planes tiene tu familia para el día festivo?

_____

3. ¿Vas a festejar el Día de Acción de Gracias en casa de tus amigos?

_____

6 Jaime is telling where he went and what he did on certain holidays. Write two sentences as if you were Jaime. Follow the **modelo.**

MODELO

1.

2.

MODELO **En el Día de Acción de Gracias fui a casa de mis primos.**
Comimos mucho y luego jugamos al fútbol.

1. _____

_____

2. _____

_____

7 Answer the questions in complete sentences.

1. ¿Con quién piensas pasar el Día de la Independencia? _____

_____

2. ¿Adónde piensan ir? _____

_____

3. ¿Qué piensan comer? _____

_____

4. ¿Qué piensan ver? _____

_____

5. ¿A qué hora piensas regresar? _____

_____

(47)

¡Festejemos!

8 Fill in the blanks to complete the following sentences about things you can see in the Dominican Republic.

1. The roof of some Dominican houses is made of _____.

2. The capital of the Dominican Republic is _____.

3. The Dominican currency is the _____.

4. **Diablos cojuelos** are people dressed in costumes that have _____ _____ hanging from them.

5. Two animals found in Lago Enriquillo are _____.

9 Match each description on the left with an expression on the right.

_____ 1. Parades and fantastic costumes are seen at this celebration.

_____ 2. This Dominican dish is made with ground meat and plantains.

_____ 3. This is a Dominican term for a 15-year-old girl.

_____ 4. This is the national dance of the Dominican Republic.

_____ 5. This water sport competition is held every year near Cabarete.

a. quinceañera
b. windsurfing
c. El Carnaval
d. pasteles en hojas
e. el merengue

10 You are in Santo Domingo at **Carnaval** time. After the events of the day, you are invited to a party at a friend's house. Describe what your day might be like. Tell what you see and do, then what the party is like and at what time it ends.

_____

_____

_____

_____

_____

_____

_____

_____

_____

_____

_____

_____

¡Festejemos!

11 Mrs. Ruiz is organizing photo albums. Help her by putting the following events in chronological order.

aniversario	boda	quinceañera	primer cumpleaños	graduación

1. _____   4. _____

2. _____   5. _____

3. _____

12 Read the following comments related to a party. Then, check the correct boxes to indicate whether they were said before the party or during the party.

	antes	durante
1. Allí vienen Alonso y Mercedes.		
2. Te presento a mis padres.		
3. Estamos colgando las decoraciones.		
4. No estoy lista todavía. Necesito peinarme.		
5. ¡Tanto tiempo sin verte!		
6. ¿Qué hay de nuevo?		
7. Lucía está contando chistes y Bruno está charlando.		
8. Tanto gusto. ¡Feliz aniversario!		
9. Anoche preparé las empanadas y compré las papitas.		

13 Teresa and Jaime are hosting a big party. Write a sentence for each drawing telling what they're doing.

MODELO   **1.**   **2.**   **3.**

MODELO Teresa está preparando una cena riquísima.

1. _____

2. _____

3. _____

VOCABULARIO 2/GRAMÁTICA 2

14 Your family is getting ready to host a party. Answer your sister's questions, replacing the noun mentioned with its direct object pronoun. Follow the **modelo.**

MODELO Freddie, ¿ya colgaste los globos *(balloons)*? **Los estoy colgando.**

1. ¿Papá ya compró la piñata? _____

2. ¿Mamá calentó las empanadas? _____

3. ¿Cristina arregló su vestido? _____

4. ¿Adrián y Carlos cocinaron los pasteles en hoja? _____

_____

5. ¿Tú y Papá prepararon el ponche? _____

15 Mira el dibujo de la fiesta de María y contesta las siguientes preguntas.

1. ¿Qué clase *(kind)* de fiesta es ésta? ¿Cómo lo sabes? _____

_____

2. ¿Qué está haciendo Víctor? _____

3. ¿Hay algo para tomar? ¿Qué es? _____

4. ¿Qué están haciendo Aura y Henry? _____

5. ¿Qué está haciendo María? _____

6. ¿Qué están haciendo Sonia y Diego? _____

7. ¿Hay música en la fiesta? ¿Cómo lo sabes? _____

_____

VOCABULARIO 2/GRAMÁTICA 2

16 Complete the following dialog with a form of **conocer.** Don't forget to use **a** or **al** when appropriate.

1. —Carlos, ¿ya _____ mi amigo Guillo?

2. —¡Hola, Guillo! Yo te _____. Eres el primo de Zita.

3. —Sí, ¿_____ Zita?

4. —Claro que sí. Mis padres también la _____.

5. —Zita vive en Higüey. ¿Tú _____ esa ciudad?

6. —No, nosotros no la _____.

7. —Guillo puede enseñarte la ciudad. Él la _____ bien.

17 Write something you will do at the following celebrations. Follow the **modelo.**

MODELO (el día de tu santo) **En el día de mi santo voy a reunirme con mis amigos en un restaurante.**

1. tu boda _____
_____

2. una fiesta sorpresa para tu cumpleaños _____
_____

3. tu graduación _____
_____

18 Imagine you're at a party. Write a paragraph describing it. Who are the guests? What are you celebrating? Are there food and decorations? What is everyone doing?

_____
_____
_____
_____
_____
_____
_____
_____
_____
_____
_____

¡Festejemos!

19 Sabina is at a party that didn't turn out the way she expected. Read her thoughts below, then answer the questions in English.

¡Esta fiesta de quinceañera empezó muy mal! Primero, no están terminados *(aren't finished)* los preparativos y ya llegaron los invitados. Las decoraciones están en las sillas y en el sofá, y la muchacha que cumple años *(the birthday girl)* no está lista. Creo que se está peinando. Los invitados no están bailando porque no hay música para escuchar.

Después de charlar un rato, buscamos algo para beber pero el ponche está muy dulce. Todos estamos con hambre pero las papitas no nos gustaron porque están viejas. Y las galletas con queso están saladas. Me parece que el perro también está con mucha hambre porque cuando nadie lo vio, se subió *(climbed)* a la mesa y comió el pastel de cumpleaños. Decidimos comer helados y contar chistes. Los helados están riquísimos y los chistes están muy graciosos. ¡Al final pienso que vamos a divertirnos mucho!

1. How old is the birthday girl at this party? _____

2. Where are the decorations when the guests arrive? _____
_____

3. Why aren't the guests dancing? _____
_____

4. What is wrong with the food? _____
_____

5. Who got to enjoy the birthday cake? _____

6. How do the guests finally have fun? _____
_____

20 Write a dialog about a party. Three friends greet each other, talk about the party, and say what other people at the party are doing. Then they say goodbye.

_____
_____
_____
_____
_____
_____
_____
_____

¡Festejemos!

21 Read this guide for planning a party. Then decide if the statements that follow are
a) cierto or **b) falso.**

Cómo planear tu fiesta de aniversario

Tres meses antes de la fiesta:
Decidir dónde se va a hacer la fiesta
Mandar invitaciones
Pensar en el menú

Un mes antes:
Comprar y empacar *(wrap)* regalos
Pedir un pastel de aniversario
Alquilar mesas, asientos y platos
Comprar decoraciones

Una semana antes:
Escribir una tarjeta de aniversario
Escoger *(choose)* la música

El día antes de la fiesta:
Limpiar la casa
Mezclar el ponche
Preparar la comida

El día de la fiesta:
Poner la mesa
Colgar las decoraciones
Recibir a tus invitados
¡Divertirte!

_____ **1.** Para planear *(to plan)* bien tu fiesta, debes estar bien organizado.

_____ **2.** El día de la fiesta es mejor levantarte temprano para preparar la comida.

_____ **3.** Debes comprar todo lo necesario la semana antes de la fiesta.

_____ **4.** Primero, arregla la casa. Luego puedes alquilar lo que necesitas.

_____ **5.** Cuando todo está listo, puedes pasar el rato con tus amigos.

22 You've just greeted an old friend at a party. Answer his questions.

1. ¡Hola! ¿Dónde estás viviendo ahora? _____

_____

2. Te veo muy bien. ¿Qué haces para mantenerte en forma? _____

_____

3. ¿Adónde fuiste el año pasado durante las vacaciones? _____

_____

4. Te queda fenomenal esa camisa. ¿Dónde la compraste? _____

_____

5. ¿Qué tal si salimos mañana a comer algo y charlar? _____

_____

INTEGRACIÓN

23 Sofía is throwing a birthday party. For each drawing write two sentences telling what's happening. The first one has been done for you.

1.

2.

3.

CALZADO ESTRELLA

4.

5.

6.

1. **Sofía está dando una tarjeta a Carlos. Ella lo está invitando a su fiesta.**

2. _____

_____

3. _____

_____

4. _____

_____

5. _____

_____

6. _____

_____

¡A viajar!

1 Find 10 Spanish words having to do with travel in the puzzle below. Then write them out on the blanks to the left.

1. _____
2. _____
3. _____
4. _____
5. _____
6. _____
7. _____
8. _____
9. _____
10. _____

```
d f g u k q n v u e l o v c j w a b
e n e r e p s a l d a d u a n a y a
m x y u o a v y w b i c t y a o q e
a u t n r n x b t y z i b p t a c r
p n ñ s i t c u l e m e n a m p l o
a o t u i a o l u b a u m s q s t p
p e l o w l b r o o l p e a r o w u
m i s b o l e t o a e i h j e r z e
i l o v r a s e c i t o u e t u s r
s a l i d a z y r r a p o r p o i t
f h u e d a y m a y w t b o l s a o
```

2 Nicolás and Gary are taking a trip. For each of Nicolás's questions on the left, choose Gary's most logical answer from the box to the right.

_____ 1. ¿Tienes euros?

_____ 2. ¿Sabes dónde están los servicios?

_____ 3. ¿Sacaste dinero?

_____ 4. ¿Ya tienes la tarjeta de embarque?

_____ 5. ¿Te encontraste con nuestro tío?

a. Sí, ya pasé por el cajero automático.
b. No, todavía no hablé con el agente.
c. No, todavía tengo que buscarlo.
d. Sí, ya los vi a la vuelta.
e. No, todavía tengo que ir a la oficina de cambio.

3 The following sentences were overheard at an airport. Tell whether the person speaking has just arrived home (**ya llegó**) or is just leaving (**se va**).

1. ¡Dejé mi boleto en casa! _____

2. ¿Sabes a qué hora sale el vuelo? _____

3. ¿Me puede decir dónde está el reclamo de equipaje? _____

4. No te preocupes; no vamos a perder el vuelo. _____

VOCABULARIO 1/GRAMÁTICA 1

4 First, write if each cue is about a person or the weather. Then write a complete sentence using the cue. Follow the **modelo.**

MODELO hizo frío (**el tiempo**) **Ayer hizo mucho frío.**

1. llovió _____

2. hizo cola _____

3. hizo viento _____

4. hizo planes _____

5. nadó _____

6. nevó _____

5 You went on vacation with your family. For each cue, write a sentence saying if the people did or did not do the activity. Follow the **modelo.**

MODELO sacar dinero ¿tu hermana? **Mi hermana sacó dinero.**
¿tú? **Yo no saqué dinero nunca.**

1. llegar tarde a comer

¿tus padres? _____

¿tú? _____

2. buscar una tienda

¿tu madre? _____

¿tú? _____

3. almorzar en la playa

¿tu familia? _____

¿tú? _____

6 Complete Lourdes' conversation with an employee at the airport by supplying appropriate questions.

Lourdes (1)_____

Agente Lo siento, no sé.

Lourdes (2)_____

Agente Allí, a la vuelta.

Lourdes (3)_____

Agente En cualquier tienda.

VOCABULARIO 1/GRAMÁTICA 1

7 Mario has already done a lot of things at the airport. Read each sentence and then write one thing that he logically did before that. Follow the **modelo**.

MODELO Mario no tiene el equipaje. **Ya facturó el equipaje.**

1. Mario tiene la tarjeta de embarque. _____

   _____

2. Mario tiene pesos en su billetera, no dólares. _____

   _____

3. Mario ya sabe la hora de llegada y salida de su avión. _____

   _____

4. Mario guarda *(puts away)* el carnet de identidad. _____

   _____

5. Mario se sienta al lado de un pasajero en el avión. _____

   _____

8 Write in order the things these people did when they went on a trip.

MODELO Sarita (facturar la maleta / abrir la maleta / hacer la maleta)
   Sarita abrió la maleta, la hizo y la facturó.

1. tú (volver de Maine / ir a Maine / salir a pasear en Maine)

   _____

2. yo (abordar el avión / esperar el avión / buscar la sala de espera)

   _____

3. tus primos (ir a la puerta del avión / llegar al aeropuerto / ver la pantalla)

   _____

   _____

4. tus hermanas (salir para la ciudad / hacer cola en la aduana / recoger el equipaje)

   _____

   _____

5. Jacobo y tú (pasar a la sala de espera / recibir la tarjeta de embarque / mostrar el carnet de identidad)

   _____

   _____

¡A viajar!

9 Answer the following questions about Peru.

1. What mountain range makes up a large part of Peru?

_____

2. What material is used to make the boats called **balsas de totora**?

_____

3. Name one thing that the **Quechua** people are famous for.

_____

4. Why do you think that the **Parque Nacional del Manu** is important?

_____

5. What is the national dance of Peru? _____

6. What is the Peruvian Paso? _____

10 Indicate whether the following statements are **cierto** or **falso.**

_____ **1.** Lake Titicaca is the highest navigable lake in the world.

_____ **2.** The Amazon River begins in Ecuador and crosses the Peruvian forest.

_____ **3.** Lima, the capital of Peru, is located on the coast.

_____ **4.** The outdoor market at Pisac reflects Peru's Spanish traditions.

_____ **5.** **Ceviche** is a dish of raw fish.

11 Write a short paragraph on three important archaeological sites in Peru: Machu Picchu, Nazca, and Cuzco. Describe them briefly and say why they are interesting places to visit.

_____

_____

_____

_____

_____

_____

_____

_____

_____

_____

¡A viajar!

CAPÍTULO
10

VOCABULARIO 2/GRAMÁTICA 2

12 The travel agent got all the tickets mixed up. Read what each person says about his or her upcoming trip, and write the names on the correct tickets.

══════════════ AIR✈ **Pasajero:** _____ **Destino:** Washington, D.C.	══════════════ AIR✈ **Pasajero:** _____ **Destino:** Orlando, Florida
══════════════ AIR✈ **Pasajero:** _____ **Destino:** Honolulu, Hawaii	══════════════ AIR✈ **Pasajero:** _____ **Destino:** Cuzco, Perú

1. Hola. Soy Nacho Hernández. Me gustaría ir a la playa a tomar el sol y pasear en bote de vela.

2. Yo soy Héctor Valdez. Espero recorrer el país y conocer las ruinas de Machu Picchu.

3. Me llamo Fernando Rojas. Pienso recorrer la ciudad y ver los museos.

4. Soy la señora Peña. Mis dos hijos quieren ir a un parque de diversiones.

13 Your friends are talking about their vacations. Write an appropriate exclamation in response to each statement.

MODELO En Hawaii nadamos en un cráter. **¡Qué fantástico!**

1. Paseamos en lancha y por fin esquiamos en el agua. _____

2. Julieta perdió su billetera. _____

3. Yo subí la montaña sola. _____

4. No pude reunirme con mis amigos. _____

5. Fuimos de pesca y regresamos con muchos peces. _____

14 Match each comment below with the most appropriate informal command.

_____ 1. Quiero pasear en mi canoa.

_____ 2. Quiero dormir en la montaña.

_____ 3. Necesito un hotel.

_____ 4. Algún día quiero ir a Roma.

_____ 5. Hace mucho frío y no tengo abrigo.

a. Sal a acampar.
b. Ve al centro de la ciudad.
c. No salgas.
d. No vayas en tren; ve en avión.
e. Ponla en el lago.

VOCABULARIO 2/GRAMÁTICA 2

15 Everyone has arrived in New York for a family reunion. Based on the means of transportation in each drawing, complete the sentences. Use the preterite form of the verbs in parentheses. The first one has been done for you.

1.

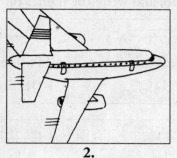
2.

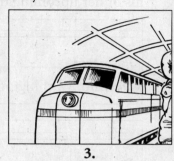
3.

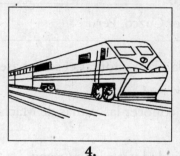
4.

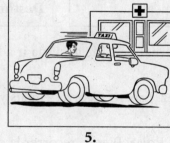
5.

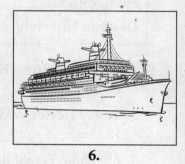
6.

1. Paloma (viajar) **viajó en autobús** _____.

2. Tú (hacer el viaje) _____.

3. Leo (ir) _____.

4. Sara y Ramón (llegar) _____.

5. Mis sobrinas (viajar) _____.

6. Yo (llegar) _____.

16 You've just returned from visiting your aunt and uncle. Answer your mother's questions, using direct object pronouns in your sentences.

1. ¿Visitaste todos los museos? _____

2. ¿Viste la isla? _____

3. ¿Conociste a tus primas? _____

4. ¿Tu tío te llevó a pasear? _____

5. ¿Saliste a ver los lugares de interés? _____

6. ¿Tu tío te sacó en su lancha? _____

7. ¿Fuiste a recorrer el centro? _____

VOCABULARIO 2/GRAMÁTICA 2

17 Respond to each of Alejandra's statements below by telling her what she shouldn't do (with a negative command) and what she should do (with a positive command). Use the cues provided in parentheses.

MODELO No me gusta el sol. (ir a la playa / a la ciudad)
No vayas a la playa. Ve a la ciudad.

1. No quiero perder el avión. (llegar tarde / temprano)

_____

2. No entiendo las instrucciones para llegar a la ciudad. (seguir las instrucciones / el mapa) _____

3. Quiero tener la maleta lista a tiempo. (hacerla tarde / temprano)

_____

4. Mi cámara no tiene flash. (sacar fotos por la noche / durante el día)

_____

5. Tengo que recoger mis lentes. (recogerlos mañana / hoy)

_____

6. Tengo que mandar una tarjeta postal. (mandarla en la oficina de cambio / en la oficina de correo) _____

_____

7. Quiero conocer todos los lugares de interés. (empezar hoy / mañana)

_____

18 Answer the following questions about a real or imaginary trip you took.

1. ¿Qué tal el viaje? _____

_____

2. ¿Adónde fuiste? _____

_____

3. ¿Qué hiciste? (dos cosas) _____

_____

4. ¿Cuántas fotos sacaste? ¿De qué?_____

_____

5. ¿Te quedaste en un hotel? _____

_____

61

¡A viajar!

19 Read the advertisement below. Then answer the questions in Spanish.

Se buscan monitores de verano

¿Quieres trabajar este verano y pasarlo bien?
¡Busca trabajo en el campamento «Monos Locos» para divertirte este verano!

Lugar: El campamento Monos Locos, cerca del Zoológico Central, es para participantes entre las edades de 5 y 12 años.

Monitores: Todos los monitores tienen que tener de 16 a 19 años.

Experiencia: Los monitores tienen que saber nadar. Cada día van de excursión a la Isla de Los Monos en canoa. Durante las excursiones los participantes van de pesca y recorren la isla para aprender sobre los animales. Pueden ver muchos tipos de monos (*monkeys*), aves (*birds*) y unas ruinas arqueológicas. Los viernes todos los participantes y monitores acampan en la isla.

Fecha: 20 de junio a 10 de julio

Salario: 200 dólares por semana

Solicitud (*Application*): Para llenar una solicitud, ven al campamento entre las ocho de la mañana y las tres de la tarde. Toma el tren número 22 desde la estación de Córdoba, o el autobús 16 que sale del Recaredo. Por favor, no llames por teléfono.

1. ¿Puedes participar en el campamento, o puedes ser monitor? ¿Por qué?

   _____

2. ¿Qué necesitan saber los monitores? ¿Por qué?

   _____

3. ¿Qué hacen los jóvenes en la isla?

   _____

4. ¿Qué pasa los viernes en el campamento?

   _____

5. ¿Cómo llega una persona al campamento?

   _____

6. ¿Te gustaría trabajar de monitor en el campamento? ¿Por qué?

   _____

¡A viajar!

20 Amalia is going to the beach. For each of her statements below, write a response telling her whether or not she should take the item in her suitcase. Use positive and negative commands with direct object pronouns.

MODELO ¿Debo llevar pantalones cortos? **Sí, llévalos.**

1. ¿Pongo sandalias en la maleta? _____

2. ¿Llevo este suéter de lana? _____

3. ¿Traigo un traje de baño? _____

4. ¿Traigo las botas de invierno? _____

5. ¿Y pongo el abrigo? _____

21 Beatriz took a lot of things on her trip. Write a sentence to say what she used each item for. The first one has been done for you.

1.

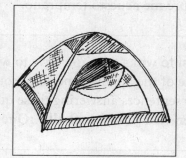
2.

3.

4.

5.

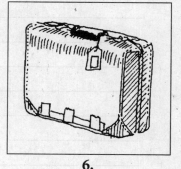
6.

1. **Beatriz lo usó para viajar en avión a otro país.** _____

2. _____

3. _____

4. _____

5. _____

6. _____

INTEGRACIÓN

22 Read Luisa's descriptions of her regular routine. Then tell how what she did today differed from her regular routine. Follow the **modelo.**

MODELO Todos los días me despierto a las siete y media.
   Hoy me desperté a las nueve.

1. Normalmente me levanto de la cama a las ocho menos cuarto.

   _____

2. Primero me baño y luego me visto.

   _____

3. Para ir al colegio llevo pantalones vaqueros y una camisa.

   _____

4. Después del colegio me entreno todos los días.

   _____

5. Por la noche siempre me acuesto temprano.

   _____

23 You've entered a contest to win a trip. You have to write a paragraph describing an ideal vacation to one of the Spanish-speaking countries you've studied this year. Write six or more sentences answering these questions: **¿Adónde vas? ¿Qué ropa llevas? ¿Con quién vas? ¿Qué haces allí? ¿Qué comes? ¿Qué tiempo hace?**

_____

_____

_____

_____

_____

_____

_____

_____

_____

_____

_____

_____

_____

¡Invéntate!

¡Invéntate!

1. CREATE YOURSELF

In this activity you will create an identity for yourself to use throughout the **Invéntate** section. Choose either your real self, another person, or someone fictional. Now, create a scrapbook of your character using pictures from magazines or your own drawings. In the first box, draw or paste a picture of your character. In the box to the right, introduce him or her, giving the name, age, and where he or she is from. Also, describe some physical and personality traits. On the bottom left, include pictures of things your character likes, such as sports, types of food, or books. On the right side, explain what your character likes to do and when.

¡INVÉNTATE!

2. WRITE A PLAY

Use your imaginary identity or your real one to write a play with another classmate. Your two characters have just met and are telling about their families. Describe your characters' family members. Tell also where you each live and what your houses are like. Describe the chores that your characters do at home and when and where they do them. Write your script on a computer and print one copy for each person. After rehearsing your parts, present your play to the class.

_____

_____

_____

_____

_____

_____

_____

_____

_____

_____

_____

_____

_____

_____

_____

_____

_____

_____

_____

_____

_____

_____

_____

_____

_____

¡Invéntate!

1. CREATE A MENU

Use your imaginary identity or your real one. Think of your character's favorite restaurant and design a menu for it. Write the name of the restaurant, all the dishes and beverages that are served there, and the prices. Have a classmate order a meal from your menu while you play the role of server. Then, exchange roles using your classmate's menu.

¡INVÉNTATE!

2. PREPARE A MEAL

Use your imaginary identity or your real one to write about the following situation.
You are preparing a meal for guests, and your brother or sister offers to help.
Write a conversation in which you discuss what needs to be done. Continue
until the table is set and everything is ready.

_____
_____
_____
_____
_____
_____
_____
_____
_____
_____
_____
_____
_____
_____
_____
_____
_____
_____
_____
_____

CAPÍTULO

¡Invéntate!

CUERPO SANO, MENTE SANA

1. YOUR HEALTH

Use your imaginary identity or your real one as you do this project. Create a poster on health and hygiene for a health fair. Describe how to take good care of your body and health. Explain things that you should and should not do to stay healthy. Illustrate your poster with pictures of things to do and not to do in a healthful lifestyle.

¡INVÉNTATE!

2. GOING TO THE DOCTOR (RESEARCH ACTIVITY)

Use your imaginary identity or your real one as you work with a partner to present the following conversation. Your character volunteers as a student trainer for one of the sports teams. A player has a recurring problem and comes to you for help. You need to give your player some good advice to solve the problem. Do research in the library or on the Internet to find information that will help your partner.

_____
_____
_____
_____
_____
_____
_____
_____
_____
_____
_____
_____
_____
_____
_____
_____
_____
_____
_____
_____
_____
_____
_____
_____
_____
_____
_____

¡Invéntate!

1. A WARDROBE FOR SCHOOL

Use your imaginary identity or your real one to do the following project. You need new clothes for school. Cut out pictures of clothing that you want to buy and paste them on the page below. Write a description of each item. Be sure to indicate the size, color, and price.

¡INVÉNTATE!

2. A NEW SHOPPING MALL

Use your imaginary identity or your real one and work with two other classmates on this project. A new mall has opened in town and you have all gone there. Write a conversation in which you use the preterite to tell each other when you went to the mall, what you did there all day, what stores you went to, and what you bought. Act out your conversation in front of the class.

_____

_____

_____

_____

_____

_____

_____

_____

_____

_____

_____

_____

_____

_____

_____

_____

_____

_____

_____

_____

¡Invéntate!

1. CREATE A CALENDAR

As you do this activity, use your imaginary identity or your own. Use construction paper to make a calendar with all the important holidays for the year. Write in Spanish the name of each holiday and what you plan to do on each one. Try to include information such as the origins of each holiday and why it's special. Hang the calendar up in the classroom so that your classmates can see what you plan to do.

¡INVÉNTATE!

2. INDEPENDENCE DAY

Use your imaginary identity or your real one to write a paragraph on the following situation. You are going to organize an Independence Day celebration. It will take place in the central park in your town. Draw a map of the park with colored pencils in the space below. Indicate the games and activities that will take place. Then write an invitation so everyone will come and celebrate the holiday.

_____

_____

_____

_____

_____

_____

_____

_____

_____

_____

_____

75

¡Invéntate!

1. A MOVIE SCRIPT

Use your imaginary identity or your real one to complete this project. Write a film script about a trip you took. Write your conversations with other people to show what happened during your trip (for example, you were late to the airport, or you lost your money in the hotel).

_____
_____
_____
_____
_____
_____
_____
_____
_____
_____
_____
_____
_____
_____
_____
_____
_____
_____
_____
_____
_____
_____
_____

¡INVÉNTATE!

2. YOUR SUMMER VACATION

Use your imaginary identity or your real one to briefly describe your summer vacation to the class. Tell where you went and with whom, how long you stayed, and the things you did. From your experience, write up a list of do's and don'ts for other travelers going to the same place and read it as part of your presentation.

_____

_____

_____

_____

_____

_____

_____

_____

_____

_____

_____

_____

_____

_____

_____

_____

_____

_____

_____

_____

_____

_____

_____

_____

_____

_____

_____

_____

_____

Holt Spanish 1B

Cuaderno de actividades

¡Invéntate!

1. A STORY ABOUT YOURSELF

Write a story about the life of your imaginary character or about yourself. It may be about any period in the character's life, but choose or invent a situation that is funny or dramatic, or that teaches an interesting lesson. Illustrate the story with pictures or scrapbook objects that you find or make.

_____

_____

_____

_____

_____

_____

_____

_____

_____

_____

_____

_____

_____

_____

_____

_____

_____

_____

_____

_____

_____

_____

_____

_____

_____

_____

_____

_____

¡INVÉNTATE!

2. YOUR AUTOBIOGRAPHY

Write a brief life story about your imaginary character, using the preterite tense. Write about places where you have lived and traveled, and mention some other people in your life. Illustrate your autobiography with pictures of yourself as this character and your family throughout your life.

_____

_____

_____

_____

_____

_____

_____

_____

_____

_____

_____

_____

_____

_____

_____

_____

_____

_____

_____

_____

_____

_____

_____

_____

_____

_____

_____

_____

Holt Spanish 1B

Cuaderno de actividades